DESCRIPTION
HISTORIQUE
DE
LA VILLE DE ROUEN
ET DE SES MONUMENTS,
Depuis son Origine jusqu'à nos jours.

PAR P.-V. MORAINVILLE.

Tableaux vivants de mon pays,
Je vous ai peint dans la mémoire des hommes.

GOURNAY-EN-BRAY,
Imprimerie et Lithographie de LETAILLEUR-ANDRIEUX,
RUE RICHELIEU, N° 36.

1847.

DESCRIPTION HISTORIQUE
DE LA VILLE DE ROUEN
ET DE SES MONUMENTS,
DEPUIS SON ORIGINE JUSQU'A NOS JOURS, DIVISÉE EN QUATRE PARTIES,
Par P.-V. Morainville.

Il est peu d'écrivains qui soient sûrs et d'accord sur la fondation de cette grande ville, dont l'origine semble se perdre dans la nuit des temps; plusieurs l'attribuent à Magus, 2e roi des Gaules, et de son nom et de celui d'une idole qui rendait ses oracles dans le pays, et qu'on nommait Roth. On fait Rotomagus, nom latin de Rouen, sa fondation remonterait selon ces écrivains à l'an 2029 ans avant l'ère chrétienne. Sans nous arrêter sur une origine incertaine, nous tâcherons de trouver dans la probabilité des temps et des lieux l'origine et les accroissements de cette grande cité; l'origine de presque toutes les grandes villes du monde et leurs accroissements nous semblent dépendre de trois points principaux: premièrement de la position géographique qui donne le commerce; deuxièmement, du lieu de retraite et de dévotion, établi dans le pays qui attire les fidèles; troisièmement, des émigrations, conquêtes et colonies des peuples étrangers. Nous examinerons maintenant qu'elle était la position géographique de Rouen, surtout par rapport au bassin où cette ville est assise, située sur la rive droitede la Seine, aux pieds de hautes montagnes couvertes de forêts impénétrables, resserrée par le lit de la Seine, dont le rivage était plat et envahissait souvent le territoire, n'ayant pour port de débarquement qu'une petite place appelée le port aux navires, plus tard port Morant, aujourd'hui place la Balande. Couverte par des marais formés par les rivières de Robec et d'Aubette, Rouen ne dût son origine qu'à des établissements religieux, formés par des prêtres Druïdes qui habitaient souvent ces lieux sauvages et retirés. Environ 40 ans avant J.-C., les Romains, sous la conduite de Jules-César, firent la conquête de ce pays dont ils nommaient les peuples Velocasses; Jules-César fit raser un fort qui était sur la montagne de Turinge, que nous nommons Sainte-Catherine, il fit ceindre la ville de murailles, fit couper et essarter les forêts qui l'entouraient, y établit un gouverneur pour commander le pays, et fit bâtir des temples aux divinités romaines. D'abord il est incontestable que Rouen ne fut pas une place marquante du temps des Romains, puisque des fouilles récemment faites ont découvert des traces de grands établissements de ce peuple dominateur, dont voici à peu près le tracé; leur temple était où l'on voit encore les restes de l'église Saint-Lô, et qui était du temps des Druides l'endroit où Roth, idole du pays, rendait ses oracles; la maison du gouverneur devait être dans la petite rue Saint-Lô; le quartier des Romains, vers la place des Carmes et la rue de la Chaîne; les jardins occupaient l'ancien jardin de Saint-Amand, où des murs ont été trouvés en 1846, dans l'emplacement des maisons maintenant en construction; les bains étaient sur le bord de la rivière de Robec, l'on vient de les trouver sous le pavé de la rue des Prêtresses, en perçant la rue Royale. Ces grands établissements étaient au nord de la ville en dedans des remparts. Rouen n'avait alors qu'une rue principale qui prenait depuis la place où est la Grosse-Horloge et où était une porte de la ville jusqu'au bas de la rue Saint-Romain où était la porte Robec; la Seine venait battre contre ses murailles; son port était où est la place de la Calande, et s'appelait le port Morant; elle avait un autre petit port pour les bateaux plats qui était où est le carrefour du Ponchel. L'an 260 de J.-C. Saint-Mellon vint d'Angleterre prêcher l'Évangile dans le pays des Gaules, il fût bien reçu par les Rouennais qui étaient naturellement religieux et changeants, et qui abandonnèrent la religion des Romains comme ils avaient abandonné celle des Druides; les temples furent profanés, les idoles furent renversées, des églises et des chapelles furent bâties et consacrées au Dieu des chrétiens.

Cette révolution de croyance dût s'opérer d'une manière presque miraculeuse, puisque sous le pontificat de Saint-Mellon qui venait d'abattre lui-même l'idole de Rothon ou Roth, et consacré son temple sous le nom d'église de la Sainte-Trinité, on bâtit Saint-Étienne où est aujourd'hui la cathédrale, Saint-Clément, dans une île; les temples d'Adonis, de Diane, et de Neptume furent consacrés par Saint-Mellon sous l'invocation de Saint-Paul, Saint-Herbland et Saint-Godard, sans que le premier apôtre de la Neustrie souffrît le martyr. La religion chrétienne fit tant de progrès dans Rouen, que l'an 404, Saint-Viltrile, son huitième archevêque, en fit reculer les remparts qui prenaient où est aujourd'hui la rue Géricault, rue des Fossés Louis VIII, descendaient vers la rue Massacre, tournaient par la rue Saint-André, gagnaient la rue aux Ours, et venaient aboutir à la place de la Calande qu'on appelle le port Morant, et de cette place les murs tournaient où est aujourd'hui la rue des Bonnetiers, et allaient aboutir à la porte Robec, qui fesait face à l'église Saint-Maclou qui était hors la ville. La porte Beauvoisine était à la place des Carmes, et s'appelait porte Sainte-Appolline, la porte Massacre était où est la Grosse Horloge, la porte aux Fèvres était à l'entrée de la rue Saint-André, l'église Saint-Vincent était au faubourg, Saint-Éloi dans une île, Saint-Vivien dans la campagne, Saint-Maclou dans une prairie. L'an 910, Raoul, prince Danois, chef des Normands, après avoir ravagé pendant dix-huit ans les principales provinces de France, vint mettre le siège devant Rouen; la terreur de son nom et de ses armes qui avaient dévasté les plus belles provinces de la Neustrie, fit trembler les habitants de Rouen qui députèrent vers lui leur archevêque Franco, pour le prier d'épargner leur ville, et de recevoir leurs hommages à titre de sujets. Raoul qui depuis longtemps avait le dessein de s'établir dans les beaux pays de Neustrie reçut favorablement leurs propositions, dont les principales étaient qu'il se ferait baptiser, et qu'il maintiendrait les bourgeois dans leurs privilèges.

C'est alors que la ville prit de nouveaux accroissements par lesquels devint le séjour du prince qui fit changer le nom de la province de Neustrie, en celui de Normandie, qu'elle a conservée, et dont Rouen fût la ville capitale. Ce prince fit faire à Rouen des travaux immenses en faisant reculer le lit de la Seine pour faire aborder de plus gros vaisseaux. Ces terres rapportées pour combler la Seine furent nommées terres neuves, et joignirent à la ville les chapelles Saint-Martin, Saint-Étienne, Saint-Clément et Saint-Éloi, qui devinrent bientôt de grandes paroisses, par le grand nombre des maisons qu'on bâtit de ce côté là; il fit ceindre la ville d'une double muraille et de trois fossés à fond de cuve, et la rendit imprenable et commerçante ; il jeta les fondements de plusieurs églises, fit bâtir son palais dans les terres neuves à la place où était le couvent des Cordeliers, il donna des lois sages à la province, les fit respecter et mourut en 917; il fut enterré dans la cathédrale où l'on voit encore son tombeau.

Sous le gouvernement de ses ducs, Rouen prit toujours de nouveaux accroissements. L'an 1200, l'on fut encore obligé de reculer les remparts de la ville; la porte Sainte-Appolline, qui était à la place des Carmes, fut reculée vers le carrefour du Coq, qui fait le coin de la rue du Cordier et de la Rouge-Mare, les fossés nouveaux furent faits où est la rue Pince d'Or, rue Bourg-Labbé, descendaient où est la rue de l'Epée, la rue du Ruissel, la porte Robec fût reculée jusqu'au Ponchel, les remparts continuaient où est la rue de la Chèvre, et tournaient par la rue de la Grosse Bouteille et des Augustins, jusqu'à la rivière de Robec.

Il était réservé à Saint-Louis, roi de France, de reculer les remparts de Rouen jusqu'au lieu tracé par les boulevards qui entourent aujourd'hui la ville ; mais cette grande étendue de terrein qui se trouve entre les portes Martainville, Saint-Hilaire et Beauvoisine, n'était que des jardins qui furent occupées ensuite par un grand nombre de couvents, à qui nos rois donnèrent beaucoup de terrein. L'an 1520 François Ier voulut enfermer le fort Sainte-Catherine dans Rouen en fesant construire la ville vers la vallée de Darnétal, mais ce projet fût abandonné. Henri IV, de glorieuse mémoire, proposa en 1596, un nouvel accroissement du côté de Saint-Sever, mais le projet n'eût pas de réussite parcequ'il n'y avait pas de pont sur la Seine, les arches du pont de Pierre s'étant entre-ouvertes en 1503, et la démolition en ayant été ordonnée en 1564; le pont de bateaux n'ayant été construit qu'en 1626, on passait pour lors la Seine dans deux grands bacs; l'an 1600, les Rouennais élargirent leur port en comblant la Seine qui venait contre les remparts et construisant des talus ; ces travaux ne furent achevés qu'en 1660; en 1692 et 13, on commença les travaux du chemin neuf, qui ne furent achevés qu'en 1709, les allées d'arbres y furent plantées en 1729, il prit alors le nom de cours Dauphin. Depuis ce temps l'accroissement de Rouen a toujours été progressif, ses remparts, qui semblaient lui en défendre de nouveaux, ont été abattus, ses portes, qui étaient au nombre de 18, savoir : cinq du côté des terres qui étaient les portes Martainville, Saint-Hilaire, Beauvoisine, Bouvreuil et Cauchoise; 13 le long du port, qui étaient les portes Saint-Éloi, de la Vicomté, de la Harangerie, de l'Estrade, du Crucifix, de la Poissonnerie, du Grand-Pont, de Paris, du Bal, de la Basse-Vieille-Tour, de la Halle-Bled, de Jean-le-Cœur et de Guillaume-Lion, cette dernière est restée seule, toutes les autres ont été abattues; les quais ont été élargis et garnis de maisons qui sont presque autant de palais. De nouveaux talus ont été bâtis, pour faciliter le débarquement des marchandises. Le pont de bateaux a été remplacé par un des plus élégants et des plus hardis ponts suspendus qui existent en France. Un pont de pierres d'une architecture sévère et d'une solidité à toutes épreuves, promet à la ville de Rouen de nouveaux accroissements du côté du faubourg Saint-Sever et dans l'île de la Croix. Ces monuments bâtis sur la Seine et sur ses bords font de Rouen un des plus beaux ports qui existent en Europe. Aujourd'hui cette grande ville semble ne plus connaître de limites et dominer en reine la riche vallée où elle est assise, et les communes qu'elle environne qui comme elle devenues riches et industrieuses semblent par un accroissement réciproque avec la ville lui servir de nouveaux faubourgs. La population de cette ville, dont l'administration doit faire un nouveau recensement est à peu près de 110,000 habitants, sans compter une population mouvante d'à peu près 10,000 habitants, composée en partie d'ouvriers, d'artisans, de marchands étrangers et de voyageurs non domiciliés à Rouen. Cette population, joint à celle des communes qui l'environne et qui semblent appartenir à la ville par un tènement de maisons non interrompues et dont le nombre des habitants est de 22,000 ainsi répartis, savoir : Darnétal 6,000; Déville 4,000; Canteleux 3,600; Sotteville 4,000; Petit Quevilly 2,000; le Bois-Guillaume 3,400; ce qui forme en totalité une masse de 142,000 habitants, composée d'ouvriers, négociants et fabricants en tous genres, employés sur le même plateau à tous les états que l'industrie humaine reconnait de première nécessité, les arts d'agrément n'étant que peu suivis dans cette ville. Rouen, n'emploie la plus grande partie de ses ouvriers que dans des manufactures de toiles de coton, dite Rouenneries. Ses nombreuses filatures de laine et de coton, ses innombrables teintureries et ses établissements en tous genres, tels que grands fourneaux pour la construction des machines à vapeur, fonderies de cloches, cuivre, plomb, zinc, fer, fontes en tous genres, et particulièrement pour les mécaniques. Rouen possède des raffineries de sucre, des distilleries, des établissements pour les produits chimiques; emploie pour la teinture des fabriques d'alun, vitriol, savon, potasse, indigo, de faïence, de papier peint, d'orfèvrerie, passementerie, bonneterie, etc. etc. Enfin cette grande ville par son commerce immense et sa réputation manufacturière, est aujourd'hui le grand entrepôt ou plutôt la halle générale où toutes les autres villes manufacturières de France viennent déposer leurs produits. Alençon, Vimoutier, Laval, Vire, Condé-sur-Noireau, Flère, Falaise, Elbeuf,Louviers,Sédan, Reims,Troyes, Roubaix,Turcoing, Lille, ont des dépôts soit dans les halles ou dans les quartiers destinés pour le commerce en gros.

Le port de Rouen répond avec majesté à l'industrie de la ville, c'est une exposition et un étalage continuels de toutes les productions de la terre; 2,000 ouvriers sont occupés journellement au déchargement, chargement et transbordement des navires et des bateaux; le voyageur étonné s'arrête souvent avec complaisance pour contempler la majesté et la douceur du fleuve couvert de vaisseaux de toutes les nations, qui apportent tant de richesses; il admire les ponts hardis qui le traverse, sans former de courant, ni gêner la navigation; il admire la largeur de ses quais, la beauté des maisons qui les bordent; il admire encore avec un recueillement philosophique l'activité permanente de tant de travailleurs où tous les rangs semblent être confondus par les liens du commerce et du travail; il voit le riche négociant fraterniser avec le plus pauvre ouvrier, tant il est vrai que l'amitié et le bonheur des hommes dépend du travail et du besoin qu'ils ont les uns des autres. L'intérieur de la ville est aussi actif que son port et ses manufactures; c'est un marché, où plutôt une foire continuelle, où chaque maison compte un étalagiste, un marchand ou un homme laborieux. L'oisiveté est presque inconnue dans cette ville, qui n'est habitée que par des commerçants, des fabricants et des ouvriers; c'est un atelier général où tous les états sont réunis. Environ 6,450 maîtres patentés occupent en masse plus de 80,000 ouvriers de tous rangs et de tous états; nous ne parlons pas ici des nombreux ouvriers que Rouen occupe dans l'intérieur et à l'extérieur de son département, le nombre en est dit-on de plus de 300,000 occupés seulement pour ses fabriques de coton, c'est-à-dire pour les apprêts, filatures, tissages de calicot, de rouenneries, impressions, teintureries, blanchissages autres dépendances et emplois que nécessite un commerce aussi étendu. Ces nombreux ouvriers se trouvent répandus dans les départements de la Seine-Inférieure, de l'Eure, de l'Oise, de la Somme, du Pas-de-Calais, du Nord et de l'Aisne. Rouen par son commerce immense étend ses relations avec tous les continents de la terre : la Guadeloupe, la Martinique, Cayenne, le Sénégal, Saint-Domingue, la Havane, Fernambouc et la Louisiane lui fournissent ses cotons, le Brésil, Campêche, le Mexique, les Indes-Orientales et nos colonies, lui fournissent ses drogues et ses bois pour la teinture et ses épiceries dont elle tient de grands entrepôts; si ses importations sont considérables, ses exportations ne le sont pas moins, cette ville dont l'industrie et le commerce est si actif, et dont la position géographique est si belle, ne peut manquer de trouver des débouchés faciles, pour l'immense quantité de ses produits manufacturiers; ses exportations seulement pour les cotonnades qu'elle fabrique se monte annuellement à près de 6,000,000 de francs, son port reçoit année commune 3,600 bâtiments de cabotage et venant de l'étranger, son commerce avec l'intérieur de la France est aussi actif qu'avec l'étranger.

Rouen possede cinq foires dont la plus ancienne est celle de Saint-Gervais, elle fut érigée le 20 juin l'an 1020, par Richard II, surnommé le Bon, 4me duc de Normandie, la foire du Pré ou de Bonne-Nouvelle fut érigée le 18 mai 1064 par Guillaume-le-Conquérant, 7me duc de Normandie, la foire de Saint-Romain fut aussi instituée par Guillaume-le-Conquérant le 23 octobre 1080, on la nomme aussi foire du Pardon, parceque Guillaume-Bonne-Ame, 48me archevêque de Rouen, ayant obtenu de grandes indulgences pour ceux qui assisteraient à la levée du corps de Saint Romain qui était en l'église Saint-Godard, et qui fut transporté à la cathédrale le 23 octobre 1079, la foule du peuple fut si grande qu'on fût obligé de faire la prédication dans le champ voisin, qui prit le nom de Champ du Pardon. Guillaume-le-Conquérant qui assistait à cette cérémonie, institua une foire sous l'invocation de Saint-Romain pour tenir tous les ans à cette même place. La foire de la Chandeleure fut érigée le 4 février 1260, par Saint-Louis, roi de France, les lettres patentes furent délivrées au mois de mars de la même année. La foire de la Pentecôte fût instituée par Louis XI, roi de france, le 15 mai 1477, il fit abolir cette foire qui tenait à Caen pour l'établir à Rouen; ses foires étaient franches et ne devaient durer qu'un temps limité. Louis XI, par lettres patentes données à Senlis au mois de novembre 1468, les a confirmées à perpétuité; enfin nos anciens rois ont toujours eu beaucoup de considération pour cette grande ville et pour ses habitants, à qui ils avaient accordé de grands privilèges, particulièrement Philippe-Auguste et Louis X qui donna la Charte Normande le 14 mars 1314, qui regarde non seulement les habitants de Rouen, mais encore ceux de toute la Normandie.

Avant la révolution, Rouen renfermait 37 églises paroissiales, 17 chapelles et 48 monastères ou communautés régulières. Cette ville était le siège d'un parlement, d'une chambre des comptes d'une cour des aides, d'un bureau de finances, de l'amirauté des eaux et forêts, de la table de marbre, d'un balliage, de deux vicomtés, celle de Rouen et celle de l'Eau; elle avait les juridictions des gabelles de la Romaine, des prieures et consuls, de la monnaie, et une infinité d'autres, tant dans la ville que dans sa banlieue. Elle avait le titre de capitale de Normandie, et de seconde ville du royaume. Aujourd'hui cette ville est le chef-lieu du département de la Seine-Inférieure et de la 14me division militaire, elle est le siège d'un archevêché, d'une cour royale, d'un tribunal de première instance, d'un tribunal et d'une chambre de commerce, d'un conseil de prud'-hommes, d'une recette générale des finances, d'une direction des contributions directes, une direction des douanes, une direction de l'enregistrement et des domaines, une conservation forestière, une direction des contributions indirectes; elle est divisée en six cantons ou justices de paix, huit arrondissements ou commissaires de police, un commissaire central, elle a douze sections, quatorze églises pour le culte catholique, un temple pour le culte réformé, deux séminaires, onze communautés de femmes, un bureau central de bienfaisance, quatorze bureaux d'arrondissement paroissial de bien faisance; trois hospices, elle possède une des plus belles bibliothèques de France, un musée de peinture, un musée départemental pour les antiquités, un jardin botanique, une galerie d'histoire naturelle, et plusieurs sociétés savantes. L'instruction y est donnée par une académie, un collège royal, une école normale, huit écoles d'enseignement mutuel, quatre écoles primaires pour les filles, huit écoles chrétiennes pour les garçons, une école pour les protestants, plusieurs écoles gratuites pour les cours de chimie, de physique, de dessein, de mécanique et de mathématiques pour l'instruction de la classe ouvrière. Il y a encore dix-sept pensions pour les jeunes gens, vingt-huit pour les jeunes demoiselles sans compter les communautés. Ce serait manquer au devoir de la reconnaissance et de la vérité si nous ne parlions pas ici des établissements fondés et régis par la plus aimable moitié du genre humain; des dames du premier mérite ont formé à Rouen sous le nom de société maternelle plusieurs établissements de bienfaisance, dont le plus remarquable est celui des écoles pour l'enfance, connu sous le nom de Salle d'Asile, fondé en 1833. Rien n'est plus intéressant à visiter pour l'homme sensible que ses retraites de l'enfance qui sont au nombre de quatre dans la ville: des salles bien disposées, garnies de bancs en gradins, qui laissent apercevoir ces rangées de petites têtes si intéressantes, des petits jeux gymnastiques dressés pour le développement et la force des membres, des cours pour l'exercice du corps, un lit de camp pour le repos. Ces dames bienfaisantes n'ont pas abandonné à des régisseurs sévères et intéressés l'inspection de ces asiles sacrés de l'indigence, c'est par elles qu'ils sont visités. Ce sont de leurs mains que l'orpheline, l'enfant de la veuve et de l'ouvrier, reçoit des caresses, des vêtements et des bonbons; honneur et merci aux dames charitables qui répandent leurs bienfaits sur LA CLASSE LA PLUS NOMBREUSE ET LA PLUS PAUVRE.

Rouen possède un grand nombre de monuments publics dont la grandeur et la majesté répondent à l'importance de la ville; les plus remarquables sont la cathédrale, commencée en 990 et finie en 1063, l'église Saint-Ouen, commencée en 1319 et finie en 1522, Saint-Maclou, commencée en 1432 et finie en 1527, Saint-Vivien remarquable par son antiquité, Saint-Hilaire sur l'emplacement d'une chapelle bâtie par Saint-Ouen vers l'an 650, érigé en paroisse en 1338, l'église du collège commencée en 1614, et finie en 1704, l'église Saint-Romain, commencée en 1679, terminée en 1787, Saint-Patrice commencée en 1535, achevé en 1665, Saint-Godard ancien temple avant J.-C., Saint-Gervais, bâti sur l'ancien temple de Vénus, l'église Sainte-Madelaine, bâtie en 1781, Saint-Éloi bâti en 1228, autrefois dans une île, Saint-Vincent ancienne église autrefois sur le bord de la Seine.

Le palais archiépiscopal commencé en 1461, terminé vers l'an 1500, le palais de justice commencé en 1499, terminé vers l'an 1543, les Halles bâties en 1542, l'Hôtel-Dieu bâti en 1749, l'Hospice général fondé en 1602, asile des aliénés fondé en 1825, le Pont de pierres commencé en 1811 et fini en 1829, le Pont suspendu commencé en 1834, fini en 1836, l'Hôtel-de-Ville bâti en 1760, bourse ou consuls bâti en 1735, l'hôtel de la Douane commencé en 1835, et fini en 1838, les abattoirs commencés en 1835, et finis en 1837. Tous ces monuments méritent d'être visités par les étrangers et les curieux. On compte à Rouen 17,500 maisons, 470 rues, 29 places publiques, 40 fontaines, 4 théâtres, 35 hôtels, 3 casernes, 6 promenades publiques, 5 boulevards, qui forment la plus magnifique ceinture que l'on puisse voir entre la ville et les faubourgs du côté des terres, elle a 33 barrières et près de six kilomètres de circuit, ses faubourgs, non compris des routes royales et départementales, y aboutissent de tous les points de la France; elle est encore desservie par la Seine et deux chemins de fer.

Cette ville a vu naître dans son sein un grand nombre d'hommes célèbres, dans la littérature, le commerce et les arts C'est la patrie des deux frères Corneille, des deux frères Banage, du généreux Alain Blanchard, de Nicolas Lemery, des Lesueurs, de Nicolas Letellier, de Fontenelle, de Jean Jouvenet, de Nicolas Farin, de Louis Legendre, de Paul Lucas, de Jean-François Pommeraie, de Noel-Etienne Sanadon, de Mathieu-le-Carpentier, de Lemonnier, de Madame Duboccage, de Lebrument, d'Armand Carrel, de Jean Louis Géricault, de Boyeldieu, de Louis Brune, du chansonnier Morainvillle et d'une infinité d'autres hommes célèbres.

DESCRIPTION HISTORIQUE
DES
ÉVÈNEMENS
Arrivés à Rouen,
DEPUIS SON ORIGINE JUSQU'A NOS JOURS.
2e PARTIE,

Rouen ne doit qu'à son heureuse position pour le commerce et à l'industrie de ses habitants, sa conservation. Les guerres et les siéges que cette ville a soutenus, les famines, les incendies, les inondations, les pestes, et autres maladies contagieuses, qui l'ont affligée; auraient peut-être détruit toutes autres villes, moins heureusement situées qu'elle, nous ne parlerons point ici des siéges qu'elle dùt soutenir avant l'arrivée des Romains, ils nous sont inconnus; d'abord la ville était petite et ses fortifications n'étaient que des palissades faites avec de grosses pièces de bois, ses maisons n'étaient que des cabanes, elle pouvait facilement se relever de ses pertes; le premier siége marquant qu'elle eut à soutenir fut contre les Normands sous la conduite d'Athènes; l'an 842 elle fut réduite en cendres, Raoul l'a pris par capitulation, l'an 910, il en fit la capitale de la Normandie dont il fut le premier duc. L'an 921, Rouen fut assiégé par les Bretons, sous la conduite de Rioulf, comte de Contentin, qui avait une armée de 40,000 hommes. Guillaume surnommé Longue-Epée, IIe duc de Normandie, sortit de la ville à la tête de trois cents hommes, surprit l'ennemi dans son camp, mit le feu aux tentes et aux bagages; la terreur se répandit parmi l'ennemi qu'il tailla en pièces, sans perdre un seul homme; ainsi les Rouennais sous la conduite d'un nouveau Léonidas, imitèrent les Spartiates, mais plus heureux qu'eux, ils sauvèrent leur patrie sans perdre un seul homme, la place où se passa ce grand évènement, se nomme encore aujourd'hui le pré de la bataille. L'an 948, Rouen fut assiégé par les Français et les Allemands, commandés par Louis IV et l'empereur Othon, qui avaient une armée nombreuse, ils attaquèrent la ville du côté de Beauvoisine, Richard-Sans-Peur, IIIe duc de Normondie, sortit de la ville, attaqua l'ennemi, en fit un massacre horrible; le champ de bataille fut nommé Rougemare, nom que la place porte encore aujourd'hui; l'empereur Othon leva le siége où son frère fut tué, demanda à Richard la permission de venir prier à Saint-Ouen, fit la paix avec lui, et retourna dans son pays.

La ville fut encore assiégée par les Français, l'an 1175, quand Henri II, duc de Normandie et roi d'Angleterre, fut obligé de faire la guerre contre son fils Henri, soutenu dans sa révolte contre son père par Louis VII, roi de France, les Rouennais qui avaient résolu de mourir sous leurs remparts, demandèrent du secours à Henri II, qui était en Angleterre, et qui revint en temps pour faire lever le siége. Philippe-Auguste vint mettre le siége devant Rouen, l'an 1193, mais il ne put prendre la ville dont il avait menacé de faire périr les habitants par les armes, ce ne fut que l'an 1204, après avoir conquis toute la Normandie sur Jean-Sans-Terre, que Philippe-Auguste, revint une seconde fois mettre le siége devant Rouen, qui se défendit vaillamment, et ne se rendit que par une capitulation honorable et qu'après avoir été abandonnée par Jean-Sans-Terre, roi d'Angleterre.

Le plus terrible siége que Rouen ait soutenu est celui de 1418, par les Anglais; Henri v, roi d'Angleterre, avait ravagé la Normandie et depuis longtemps menacé la capitale, le seigneur Gui Lebouteillier, qui commandait dans Rouen, fit exercer quinze mille bourgeois à l'art militaire, cette brave garde bourgeoise sous la conduite d'un nommé Alain-Blanchard, capitaine aussi brave qu'expérimenté, se prépara à bien se défendre; les femmes, les enfants, les vieillards, furent renvoyés de la ville qui fut bientôt bloquée par les Anglais, les assauts furent terribles, les sorties encore plus, ce ne fut que meurtre pendant six mois que dura le siége; les habitants de Rouen réduits à la plus affreuse misère par la famine furent forcés de se rendre; les conditions de la capitulation furent aussi terribles que le siége avait été meurtrier, le roi d'Angleterre exigea de la ville une rançon de 300,000 écus, le bannissement et la confiscation des biens des plus notables bourgeois, il exigea encore trois ôtages des plus marquants de Rouen, pour en faire ce qu'il jugerait à propos, et qu'il désigna; ce fut Robert-Livet, vicaire général de l'Archevêque, Jean Jourdain, maître de l'artillerie, et Alain-Blanchard, capitaine des bourgeois; les deux premiers furent rachetés par de l'or, mais il n'y eut point de rançon assez forte pour le rachat du troisième; ce généreux citoyen eut l'honneur de mériter la haine d'un des plus puissants rois de l'Europe qui eut la bassesse de le faire mourir sur un échafaud quand il eut déposé les armes. Si jamais la garde nationale de Rouen, pour perpétuer un de ces dévoûments patriotiques si naturels chez elle, voulait un jour élever un monument à l'un des héros les plus marquants de son corps, je suis persuadé qu'elle choisirait le généreux Alain-Blanchard, chef de la garde nationale de Rouen, mort pour sa patrie en 1418.

L'an 1562, au mois d'avril, les calvinistes sous la conduite du prince de Condé, s'emparèrent de la ville de Rouen, des châteaux et du fort Sainte-Catherine, ils pillèrent les églises et brisèrent les autels; Charles IX reprit la ville sur eux le 23 octobre suivant.

Henri IV, après avoir gagné la bataille d'Ivry, le 14 mars 1590, prit les villes de Lagny, Provins, Montereau Melun, avoir bloqué Paris quatre mois, prit la ville de

Chartres après un siége long et meurtrier, après avoir réçu des renforts d'Allemagne et d'Angleterre vint mettre le siége devant Rouen, le 11 novembre 1591; le roi fit attaquer la ville sur différents points, aux Fourches de Bihorel, au Mont-de-la-Justice et aux Mont-aux-Malades, il fit détourner la rivière de Robec, et la fit passer en dehors des remparts et tomber au quai du Chelier, pour arrêter les moulins qui étaient au nombre de douze dans la ville, il fit encore arrêter les fontaines de Darnétal, mais la source de Gaulor n'était pas à son pouvoir et entretint la ville d'eau; les ducs de Parme et de Mayenne qui étaient chef de la ligue, avaient pris bien des mesures pour que la seconde ville du royaume puisse résister longtemps à son roi, elle fut pourvue de vivres pour un long siége, garnie de nouvelles fortifications, et défendue par une garnison nombreuse, mais toutes ses précautions prises n'auraient pu résister aux armes victorieuses d'Henri IV, si M. de Villars n'eut pas commandé en ville; il fit des sorties vigoureuses contre l'armée royale qui égalaient presque à des batailles; Henri IV voulut prendre la ville par famine après l'avoir écrasée par les boulets, et détruit presque de fond en comble Sainte-Marie la petite; déjà les bourgeois qui manquaient de vivres, se mutinèrent et voulurent rendre la place au roi, mais ils en furent empêchés par M. de Villars qui les fit désarmer et demanda du secours au duc de Mayenne, qui étant arrivé en temps fit lever le siége au roi le 20 avril 1592. Ce siége est le dernier que la ville de Rouen ait souffert, et serait un des plus glorieux s'il eut été soutenu contre un autre prince.

Si nous retracions ici tous les événements qui ont empêché la ville de Rouen d'avoir des accroissements encore plus grands et plus rapides, le lecteur serait étonné de voir qu'elle existe encore; les incendies ont fait de terribles ravages à Rouen, et l'ont plusieurs fois réduite en cendres.

L'an 842, elle fût brûlée de fond en comble, comme j'ai dit, par Hastene, chef des Normands; le 14 septembre 1136, le feu prit dans le bas de la rue Grand-Pont, et traversa la ville jusqu'à la porte Beauvoisine, et se porta en passant sur les abbayes de Saint-Ouen et Saint-Armand, qui furent réduites en cendres; l'an 1175, le Jeudi-Saint, le feu dévora les maisons de treize paroisses; l'an 1200, la veille de Pâques, l'église cathédrale fût entièrement brûlée, les cloches fondues, les reliques et les ornements furent réduits en cendres avec une partie de la ville.

Les incendies étaient si fréquents dans le XIIIme siècle, que la ville fut presque détruite par les grands ravages des embrâsements arrivés en 1205, 1210, 1211, 1225, 1228, 1248, 1284 et 1316; le 4 octobre 1514, la pyramide de l'église cathédrale fut réduite en cendres par la négligence des plombiers. Il y eut encore plusieurs incendies en 1531, 1542, 1624, 1658, 1665 et 1709, qui causèrent de grands dégâts dans la ville et à ses monuments.

Le 15 septembre 1822, un orage s'éleva du côté du midi, un coup de tonnerre éclata sur le faubourg Saint-Sever, la foudre attirée par des courants d'air formé par la hauteur de la flèche de la cathédrale, traversa le faubourg et la Seine sans perdre sa direction, et vint s'arrêter au bas de la pyramide qu'elle mit en feu; il fut impossible d'y porter aucuns secours avant la chûte du monument, qui embrâsa en tombant la toiture du chœur et du croisillon; on parvint à préserver le reste des charpentes et des couvertures. Cette flèche était un monument des plus hardis en son genre, elle s'élevait à 132 mètres au-dessus du pavé; sa charpente qui était un chef-d'œuvre de l'art, était composée de 3472 pièces de bois recouvertes en plomb; la croix qui la surmontait était composée de cinq barres de fer dont celle du milieu avait trois pouces d'équarissage, elle avait seize pieds de hauteur et sept pieds de croisillon, et pesait 770 kilogrammes, les liens de fer qui la tenait à la charpente pesaient 156 kilogrammes, le coq qui la surmontait, avait 1 mètre 11 centimètres de tête en queue.

Ce beau monument fut commencé à monter l'an 1543, et mis en sa perfection par Robert-Bequet, bourgeois de Rouen, à la fin d'août 1544. Depuis l'année 1719, que les pompes à incendie ont été introduites à Rouen, le feu n'y fait plus les mêmes ravages, malgré les nombreux établissements dangereux qui se trouvent dans la ville et dans les faubourgs; un corps de pompiers choisi parmi les maîtres et les ouvriers d'état les plus marquants de la ville et non salariés, semblent former un rempart impénétrable aux incendies les plus violents, par le dévouement et l'ordre qui règnent dans cette société d'hommes hardis et assez généreux pour exposer leur vie à chaque instant, pour la conservation des propriétés de leurs concitoyens; 126 pompes à incendie et 3550 seaux sont journellement à leur disposition.

Si les guerres et les incendies ruinèrent tant de fois la ville de Rouen et ses monuments, les maladies et les famines ne furent pas moins terribles à ses habitants et la dépeuplèrent plusieurs fois; malgré que Rouen soit situé sous le 49me dégré et 26 minutes de latitude nord, sous le 8me climat l'un des plus sains de cette zône tempérée, les maladies contagieuses s'y sont répandues plusieurs fois, soit qu'elles aient été apportées des pays lointains, ou qu'elle se soient propagées par le contact des marchandises venues de l'étranger; l'an 1350, il y eut une si grande mortalité dans Rouen que le tiers de ses habitants périrent, ils crachèrent le sang, et la contagion était si prompte qu'on expirait en se regardant l'un et l'autre; les années 1521 et 1522 affligèrent tellement les habitants de Rouen de la peste, que plus de 20,000 personnes périrent de ce cruel fléau; on rapporte que les dimanches et fêtes, malgré que le peuple était très religieux dans ce temps-là, il ne se trouvait pas quarante personnes à la messe paroissiale de Saint-Maclou, l'une des paroisses les plus populeuses de Rouen; l'administration fit payer, nourrir et loger à ses frais quatre hommes revêtus de robes bleues qui marquaient d'une croix blanche les maisons infectées de la maladie; on nomma ces hommes les marqueurs, leurs logements étaient à l'extrémité de la ville, et se nomme encore aujourd'hui le Clos des Marqueurs.

L'an 1580, Rouen fut attaqué de nouveau par la peste, qui fit encore de grands ravages; 17 à 18,000 personnes périrent de cette maladie qui était une fièvre jaune, on fit construire un bâtiment pour recevoir les pestiférés sur un terrain que la ville avait acheté en 1567, d'un nommé Prudhomme, qui fut appellé le lieu de l'Event, et par suite lieu de Santé, c'est aujourd'hui la place où est l'Hôtel-Dieu.

L'an 1621, 22, 23 et 24, la peste fit de si grands ravages à Rouen qu'elle fit périr un tiers des habitants, un autre tiers abandonna la ville qui fut presque déserte pendant quatre ans.

L'an 1668, la peste fut apportée à Rouen par des balles de laine venues de Picardie, chez un tapissier de la rue des Charrettes; elle fit encore de grands ravages, mais le bon ordre qu'on y apporta, fit qu'elle ne fût pas si terrible que les précedentes.

Il y eut encore dans les années 1692 et 13, des maladies contagieuses, des fièvres pourprées, malines, pestilentielles, causées par les famines de ces mêmes années, où le petit peuple avait beaucoup souffert, et qui fit périr un dixième des habitants de Rouen.

L'an 1832, le choléra-morbus qui avait ravagé toute l'Europe, vint attaquer la ville de Rouen, mais Dieu préserva cette grande cité des ravages causés par ce fléau destructeur, qui avait détruit dans certaines villes un quart et quelquefois moitié des habitants. Deux ou trois cents personnes périrent à Rouen de cette maladie, ce fut le faubourg Saint-Sever qui fut le plus maltraité.

Si les guerres, les incendies et les maladies contagieuses ont fait tant de ravages dans Rouen, il est certain qu'une ville comme elle, située sur le bord d'un grand fleuve, a dû souffrir beaucoup des inondations causées par les débordements de ce fleuve, il est impossible d'en retracer tous les désastres dans un si petit abrégé; nous ne donnons ici qu'un tableau synoptique de son histoire.

La Seine prend sa source en Bourgogne, dans le département de la Côte-d'Or, elle reçoit dans son cours les rivières d'Aube, de l'Yonne, de la Marne, de l'Oise, de l'Eure et de la Rille; elle est navigable depuis Mery jusqu'au Hâvre, où elle se perd dans la mer par une large embouchure; son cours est doux et tranquille, et moins sujet aux débordements que la Loire, le Rhône et la Garonne, qui prennent leurs sources dans les plus hautes montagnes de l'Europe, et dont le courant rapide enlève tout ce qui se rencontre sur leur passage; malgré la douceur du fleuve de Seine, il n'a pas moins causé de grands ravages à Rouen dans ses débordements, dont les plus grands arrivèrent dans les années 1119, 1150, 1196, 1296, 1496, 1505, 1571, 1648 et 1658, où le fleuve sortit de son lit le 5 mars causa de grands désordres sur les quais où il y avait beaucoup de marchandises, qui furent emportées par le courant de l'eau; une grande partie des maisons du faubourg Saint-Sever furent détruites par les vagues qui roulaient avec furie dans la rue de la Pie aux Anglais, et près de l'église Saint-Sever.

Les habitants s'étaient réfugiés dans le prieuré de Bonne-Nouvelle, où on leur portait du pain; du côté de la ville, l'eau venait jusqu'à la haute Vieille-Tour, depuis la fontaine Lisieux, les bateaux allaient par la rue des Charrettes jusqu'au vieux Palais; on entrait dans les bateaux à la porte de l'église des Augustins et au carrefour du Ponchel, pour sortir la porte Martainville.

La Seine fit encore de grands débordements dans les années 1683, 1697 et 1709, ce débordement fut très considérable et très-long, il dura plus d'un mois.

L'an 1740, la Seine déborda d'une manière extraordinaire, une partie de la ville et du faubourg Saint-Sever fut inondée, il y avait 1 mètre 66 centimètres d'eau, à la Romaine, sur le port; l'on voit encore sur une petite plaque en marbre blanc posée contre la caserne Saint-Sever la hauteur des eaux, elle est à 1 mètre 65 centimètres au-dessus du pavé.

En 1764, la Seine fit encore de grands débordements.

L'an 1806, la Seine déborda et monta dans la rue Martainville, jusqu'au haut de la rue du Figuier; l'on vit M. Blanquet, homme vénérable, curé de Saint-Maclou, porter du pain et se mettre à l'eau pour secourir les inondés de la rue du Figuier et du clos Saint-Marc, il avait alors plus de 80 ans.

Nous l'avons dit plus haut, Rouen ne doit sa conservation qu'à son heureuse position pour le commerce; cette ville dont la fondation remonte peut-être à plus de 3,000 ans, mais dont l'existence est certaine depuis vingt siècles, semble n'avoir tombée tant de fois que pour se relever plus glorieuse et plus florissante; les guerres, les maladies contagieuses et les famines ont quelquefois détruits de grands empires. La ville de Rouen attaquée tant de fois par ces calamités, semble jusqu'à présent avoir bravé le temps qui détruit tout.

Cette ville, qui est située dans un pays d'abondance, entre le Vexin Normand, le pays de Bray, le pays de Caux, le Rhoumois, et non loin des belles campagnes du Neubourg, n'en a pas moins souffert de grandes famines, causées par des hivers rigoureux, des années de sécheresse, ou par la malice des hommes; nous allons tâcher de rappeller les principales époques où ces calamités ont affligé la ville de Rouen.

L'an 1149, après un hiver rigoureux, qui dura trois mois et fit périr les blés, survint une grande famine dont le peuple eut beaucoup à souffrir.

L'an 1150, l'été fut orageux, on ne put recueillir les moissons, ce qui causa encore une famine.

L'an 1210, l'hiver fut si grand, que les blés furent gelés en terre, à peine en pût-on recueillir pour la semence.

L'an 1278, il y eût une telle abondance de blé, qu'il ne valait que 26 sous du temps, la somme, et le méteil 3 sous la mine.

L'an 1306, le blé monta jusqu'à dix livres la mine, qui était pour lors un prix exhorbitant; M. de Flavacourt, archevêque de Rouen, donnait tous les jours aux pauvres, la somme de 300 livres.

L'an 1321, l'hiver fut froid et long.

L'an 1349, le vin ne valut à Rouen que 20 sous le muid.

L'an 1480, le lendemain de Noel, commença une forte gelée qui dura jusqu'au 5 février, on appela cette année l'année du grand hiver.

L'an 1496, le vin ne valut à Rouen que 40 sous le muid.

L'an 1518, le 16 mars, il fit un vent horrible qui déracina les arbres, ébranla les maisons, en découvrit un tiers, et abattit la tour de Saint-Nicaise. Cette année fut appelée l'année des grands vents.

L'an 1521, le blé fût extrêmement cher et la misère très-grande, le petit peuple mourait de faim; les conseillers du Parlement de Rouen firent acheter du blé à Nogent-le-Roi et à Chartres, qui revenait rendu à Ronen à sept livres la mine, on le livrait aux boulangers au prix de deux livres dix sous la mine, pour en faire des pains de six deniers (monnaie du temps), qui pesait une livre et demie; le peuple s'amassait devant les maisons des boulangers dès minuit pour avoir leur rang lorsque le pain serait cuit. Cette misère dura jusqu'au 22 juillet 1522, où le blé ne valut plus que 20 sous la mine.

L'an 1683, le 25 juin, sur les quatre heures de l'après-midi, un orage furieux causa de grands désordres dans Rouen, un vent impétueux suivi d'une grêle d'une grosseur extraordinaire, cassa les couvertures et les vitres des édifices, renversa le clocher de Saint-André, celui de Saint-Michel, une partie de la tour Saint-Laurent, trois tourelles du grand portail de la cathédrale, qui crevèrent la voûte et brisèrent l'orgue.

L'an 1692 et 13, il y eût une si grande cherté de blé et de boisson, que le blé se vendait 36 livres la mine, et le seigle 20 livres; beaucoup de personnes moururent de faim, l'on fit commencer les travaux du Chemin Neuf, où les maîtres et les ouvriers allaient travailler pour avoir un peu de pain.

L'année 1709, est une de ces époques malheureuses qui se marquent dans la mémoire des hommes par de douloureux souvenirs. Il y eut cette année à Rouen, inondation causée par le débordement de la Seine, hiver terrible, famine et maladie: la veille des Rois, entre 8 et 9 heures du soir, le vent qui était au midi et à la pluie, changea tout-à-coup au nord; cet hiver brutal réduisit bientôt toute la nature de l'état de vie à l'état de mort; les fontaines, les rivières, la mer même et tous les corps liquides se congelèrent; les prêtres à l'autel étaient obligés d'avoir un réchaud plein de feu près du calice; le thermomètre était descendu à 19 dégrés centigrades, ce grand hiver fit périr toutes les semences qui étaient en terre et causa une famine qui affligea tout le monde, mais beaucoup plus le pauvre peuple, dont un grand nombre mourut de misère; les travaux du Chemin Neuf qui avaient été abandonnés furent repris et achevés.

L'an 1714, il fit plus froid qu'en 1709, le thermomètre était descendu à 20 dégrés, mais l'hiver ne dura que quinze jours.

L'an 1724, il y eût si grande abondance de vin, qu'on le donnait pour la futaille.

L'an 1725, le blé fut très-cher, le pauvre peuple toujours sensible à la cherté des vivres d'où dépend sa conservation, se révolta, mais l'émeute fut apaisée par la précaution qu'eurent les administrateurs de faire venir des blés de l'étranger.

L'an 1793 et 94, la famine fut générale en France, l'administration à Rouen délivra des cartes bleues avec lesquelles on distribuait un quart de mauvais pain à chaque individu; malgré tant de misères, le peuple fut tranquille à Rouen et mourait gaiement de faim au milieu des danses et des fêtes républicaines, en baisant l'arbre de la Liberté.

L'an 1812, les blés ayant manqué, le pain qui ne valait à Paris et à Chartres que quatre sous et demie la livre, monta à Rouen jusqu'à onze sous; les boutiques des boulangers étaient fermées, le peuple attendait à la porte par rangs, on lui distribuait de mauvais pain qu'il nommait le pain de la comète, parcequ'il en était apparu une en 1811, cette misère cessa quand l'empereur revint de sa malheureuse campagne de Russie.

L'an 1816, les pluies ayant perdu les récoltes, le pain valut à Rouen 48 centimes la livre, on s'en procurait facilement, l'ouvrier ne manquant pas d'ouvrage et gagnant bien sa vie.

Dans les années 1829 et 30, l'hiver dura quatre mois et fut très-froid, le thermomètre était à 17 dégrés 1/2

L'an 1846, l'été fut sec et chaud, les marronniers de la place de l'Hôtel-de-Ville poussèrent de nouvelles feuilles et des fleurs au mois de septembre.

DESCRIPTION HISTORIQUE

DES MONUMENS DE ROUEN.

3e PARTIE.

Il est peu de villes en France qui offre à l'étranger autant de monuments historiques soit antiques, du moyen-âge ou modernes, à visiter; aussi, cette ville est pour ainsi dire une mine d'or inépuisable pour les artistes qui, de toutes parts, y viennent exercer leurs talents, soit en modelant, soit en dessinant ou soit en relief, l'intérieur ou l'extérieur de ses édifices, les points de vue de la ville, soit en masse ou en détail, il n'existe pas de ville qui ait fourni plus de matières au dessin; pour faciliter l'étranger à visiter ses nombreux monuments, plusieurs écrivains ont divisé la ville en quatre grandes parties presque égales, et dont le carrefour de la Crosse est le point central, la rue des Carmes et la rue Grand-Pont forme la ligne sud, la rue Beauvoisine la ligne nord, les rues de l'Hôpital, des Faulx, St.-Vivien, St.-Hilaire, la ligne est; les rues Ganterie, des Bons-Enfants, la ligne ouest. Les quartiers enfermés entre ces quatre points presque cardinaux, se nomment sud-ouest, nord-ouest, nord-est, sud-est. Ce plan, que nous sommes loin de blamer, ne nous a pas paru facile à suivre pour un étranger, surtout dans une grande ville. Il nous a paru plus facile pour le voyageur curieux de visiter d'abord les monuments religieux de Rouen, qui sont presque tous remarquables soit par la beauté de leurs architectures ou par leurs antiquités, et d'indiquer ensuite les monuments civils à visiter sur chaque arrondissement paroissial, comme étant plus faciles à trouver pour l'étranger.

La première des paroisses de Rouen est la cathédrale; ce monument qui peut marcher de pair avec les premiers du monde en son genre, soit pour l'antiquité, la grandeur ou la beauté de l'architecture, qui date des temps les plus reculés de la construction des grandes églises. Bâtie sur l'emplacement d'anciennes cathédrales fondées par Saint-Mellon en 270, agrandie par Saint-Viltride vers l'an 400, détruite par les Normands en 842. La date de la fondation de cette église n'est pas certaine, l'on croit que Raoul Ier duc de Normandie, en fit jeter les fondements vers l'an 915. Richard-sans-Peur, troisième duc de Normandie, fit continuer les travaux avec activité, et fit, dit l'histoire: « Croistre et haulcer de la moitier et de plus le moustier de Notre-dame de Rouen» L'archevêque Robert, fils de Richard-Sans-Peur, «fist aschever l'église de Notre-Dame, de tout le chœur et du côté de l'orient. Enfin en 1055, l'archevêque Maurille fit achever la cathédrale, et dédia cette église sous l'invocation de la Vierge, le 1er octobre 1063.

La tour de Beurre, ainsi appellée parcequ'elle fut bâtie

3

des aumônes des fidèles, pour avoir la permission de manger du beurre dans le carême. Elle fut commencée en 1485. L'archevêque Robert-de-Croix-Marc, en posa la première pierre en 1487, elle fut achevée en 1506. C'est dans cette tour qu'était la fameuse cloche nommée Georges d'Amboise, pesant 18,000 kilog., et fondue au pied de la tour le 2 août 1501, par Jean-le-Masson, fondeur à Chartres; il fut si ravi d'avoir réussi, qu'il en mourut le 21 du même mois. Cette cloche avait trente pieds de tour par le bas, dix pieds de diamètre, et dix pieds de hauteur, le battant se voit encore sur le pavé de Déville, près Rouen.

L'an 1509, le grand portail qui menaçait de tomber en ruines. fut abattu, on jeta les fondements, la même année, de celui qui existe aujourd'hui, et il fut achevé en 1530. Monsieur le cardinal Georges d'Amboise Ier, archevêque de Rouen, qui avait fait tant de bien à son église, contribua pour la somme de deux mille livres pour commencer ce bel ouvrage. On croit que la tour Saint-Romain était de la dépendance de l'ancienne cathédrale, et qu'elle fut bâtie par le saint dont elle porte le nom, excepté le comble qui fut construit de 1468 à 1477. Le portail des Libraires fut construit en remplacement de l'ancien portail des Boursiers qui avait été démoli en 1280; il ne fut totalement achevé qu'en 1478. La cour des Libraires fut fermée de son portail en 1481; on croit que le portail de la Calende fut construit vers le même temps que celui des Libraires.

La pyramide en construction est en fonte de fer, et travaillée à jour, elle s'élèvera à 145 mètres au-dessus du pavé, il entrera dans sa construction 2540 pièces de fer et 12,880 boulons. Le poids total de la pyramide sera de 600,000 kilogrammes. A l'extrémité, une lanterne entourée de galeries servira d'observatoire.

L'intérieur de l'église est d'une majesté imposante, et inspire au visiteur de saintes élévations d'âme; le jubé qui se rencontre à l'extrémité de la nef, semble arrêter un moment l'œil contemplateur qui ne poursuit plus que les voûtes, mais il laisse apercevoir dans le lointain le beau tableau qui décore le fond de la chapelle de la Vierge.

La longueur de l'intérieur de l'église, la chapelle de la Vierge comprise, est de 136 mètres. La croisée a 54 mètres 67 cent. de longueur; la largeur de l'église, les chapelles comprises, est de 32 mètres 13 cent.; la hauteur de la nef est de 28 mètres, celle de la lanterne est de 53 mètres 11 cent.; celle des collatéraux est de 14 mètres, la nef et la croisée sont soutenues intérieurement par 46 piliers isolés; l'église reçoit le jour par 130 fenêtres, on y entre par sept portes. Cette basilique renferme des tombeaux précieux, parmi lesquels on distingue ceux de Raoul Ier, duc de Normandie, mort en 917, et de son fils Guillaume Longue-Epée, assassiné à Pecquigny, le 18 octobre 942; le premier est dans la chapelle du petit Saint-Romain, l'autre dans la chapelle Sainte-Anne. Mais c'est dans la chapelle de la

Vierge, que l'on admire les deux plus beaux mausolées de la cathédrale, le premier est celui de Mgr Georges d'Amboise Ier, archevêque de Rouen, ministre d'état sous Louis XII, mort à Lyon, le 25 mai 1510. Ce monument fut élevé par les soins de Mgr Georges d'Amboise IIe, son neveu et son successeur. Ces deux messieurs y sont représentés en prières, tournés vers l'orient; c'est un travail de sept années consécutives, executé par les maîtres les plus habiles du règne de François Ier, en 1525. Ce monument a toujours fait l'admiration des artistes et des amateurs de l'art architectural. Mais il est encore moins beau que les actions du grand homme en la mémoire duquel il fut élevé.

Le mausolée de Monsieur Louis de Brézé, gouverneur de Normandie, mort le 23 juillet 1531, fut élevé par les soins de Diane de Poitiers, sa femme. On attribue l'exécution de ce beau monument à Jean Goujon ou à Jean Cousin. Mais sans prétendre faire tort à la mémoire du célèbre peintre sur verre, nous pensons qu'il fut exécuté par le célèbre Jean Goujon, qui devait avoir accompagné François Ier lors de son entrée à Rouen le 2 août 1517, et surtout depuis que nous sommes certains que c'est lui qui a fait les belles sculptures qui décorent les portes de l'église Saint-Maclou; il pourrait bien encore avoir exécuté les bas-reliefs qui décorent l'hôtel du Bourhteroulde, où François Ier descendit lors de sa deuxième entrée à Rouen le 10 août 1540, et qui représentent son entrevue avec Henri VIII au camp du Drap d'Or. Tous ces monuments datent de la première moitié du XVIme siècle; le tableau qui décore l'autel de cette chapelle représente l'adoration des bergers, il est peint par Philippe de Champagne, né à Bruxelles en 1602. Le jubé qui décore l'entrée du chœur fut posé en 1777 Le bel escalier gothique qui conduit à la bibliothèque fut construit en 1788; l'orgue fut construit en 1760, par M. Lefebvre, facteur d'orgues à Rouen; cet instrument fait honneur à son auteur et est un des meilleurs de France.

Les principaux monuments civils à visiter sur cet arrondissement, sont: le Palais de Justice; l'aile droite fut commencée en 1490 et terminée en 1493 pour servir de bourse ou salle commune aux marchands, qui auparavant se rassemblaient dans la cathédrale, même à l'heure des offices; au rez-de-chaussée sont les prisons de la maison de justice; la salle des Pas-Perdus qui se trouve au-dessus fait l'admiration des visiteurs, la façade du midi est à l'architecture gothique ce que la maison carrée de Nismes est à l'architecture romaine de l'ordre Corinthien La tourelle, les lucarnes, la belle galerie surmontée de clochetons élégants, recouverts de tout ce que la sculpture a de plus riche et de plus délicat, retient long-temps l'œil contemplateur qui ne se lasse jamais de l'admirer. L'iale gauche, maintenant en construction et presque terminée, formera le parallèle de l'aile droite et fera du Palais de Justice de Rouen le plus beau qui existe en France.

La salle où se tiennent les assises passe pour une des plus belles du royaume. Louis XII y siégea le 24 octobre 1508, malgré que le palais ne fut pas encore achevé. Le tableau qui en décore le fond fut donné par ce roi à l'échiquier de Rouen, quand il tenait ses séances au vieux château.

La cour royale, rue Saint-Lô, bâtie en 1717. C'était l'hôtel du premier président du parlement; la municipalité y fut établie depuis le mois de janvier 1791, jusqu'au mois de mai 1800. On y lisait alors deux inscriptions qui rappellent de grands souvenirs; sur l'aile droite était écrit: *La souveraineté réside dans le peuple, elle est inaliénable*, et sur l'aile gauche: *Les hommes sont égaeuds par la nature et devant la loi*. Elles ont été effacées quand Napoléon s'est emparé du pouvoir.

La tour du Beffroi ou de la Grosse-Horloge, fut commencée en 1389, et terminée en 1398. C'est dans cette tour qu'est la cloche de la ville, nommée Rembol, ou vulgairement cloche d'argent, c'est la plus ancienne de la ville; la cloche du timbre est aussi fort ancienne, l'arcade où sont les cadrans, fut construite en 1527 sur l'emplacement de la porte Massacre. La fontaine qui est au pied de la tour reçoit ses eaux de la source de Gaalor; c'est la plus ancienne de la ville, elle commença à couler le 4 octobre 1250. Les deux figures qui décorent cette fontaine, représentent Alphée et Arethuse mêlant leurs eaux.

Le Marché-Neuf fut érigé en 1515; la fontaine construite en 1595 prit cours le 4 mars de la même année; la fontaine du parvis Notre-Dame prit cours le 20 octobre 1450, (source Notre-Dame).

Le palais archiépiscopal fut commencé en 1461, par le cardinal Guillaume d'Étouteville, et terminé par les soins de Monsieur Georges d'Amboise Ier.

Les halles de Rouen sont dit-on les plus vastes qui soient non seulement en France mais en Europe. La longueur de la halle au blé est de 100 mètres, la halle aux toiles a 90 mètres de longueur, sur 16 mètres de largeur; les halles aux merciers et aux cotons ont chacune 66 mètres de long; malgré la grandeur de ces halles, elles sont encore trop petites pour le commerce de Rouen, ce qui oblige de faire des entrepôts soit dans le passage saint-Jean ou d'autres quartiers de la ville; elles furent bâties sur l'emplacement de plus anciennes en 1342; il existait dans l'ancien manoir des ducs de Normandie, bâtie sur la place occupée par les halles, une chapelle nommée Saint-Romain qui fut transférée au vieux château après la démolition du Palais des Ducs en 1204. Cette chapelle fut rebâtie sur le même emplacement en 1542, et occupe aujourd'hui le haut de l'escalier des halles. C'est où l'on délivrait un meurtrier le jour de l'Ascension; la fontaine qui se trouve sur cette place prit cours le 6 août 1602. (Gaalor.)

Le théâtre des Arts fut commencé en 1774, la première pierre fut posée le 18 juillet de la même année, l'ouverture en eut lieu le 29 juin 1776, le jour de la Saint-Pierre; le plafond, peint par M. Lemoine, représente l'apothéose de Pierre Corneille.

L'église Saint-Vincent est très-ancienne, elle était autrefois sur le bord de la Seine, et se nommait Saint-Vincent-sur-Rive; le chœur et les vitraux de cette église méritent d'être visités; la tour fut bâtie en 1669 pour recevoir un clocher qui n'a jamais été bâti, la fontaine prit cours le 24 octobre 1560. (Source d'Yonville.)

Les monuments civils à visiter sur cet arrondissement, sont: Saint-Éloi; cette église est consacrée au culte protestant depuis le 10 janvier 1803. La place de la Pucelle, c'est là où Jeanne d'Arc la Pucelle d'Orléans fut brûlée vive le 30 mai 1431, réhabilitée en 1456, le monument où elle est representée fut bâti en 1755 sur l'emplacement d'un plus ancien qui menaçait ruines; la fontaine prit cours le 24 octobre 1560. (Yonville). Sur la même place est l'hôtel du Bourgteroulde, bâti par Guillaume le Roux, seigneur du Bourgteroulde; au commencement du XVIme siècle; ses bas-reliefs représentent l'entrevue de François Ier, roi de France, et de Henri VIII, roi d'Angleterre, au camp du Drap d'Or, et font l'admiration des curieux.

Place du Vieux-Marché. C'est le plus ancien marché de Rouen, il était autrefois hors la ville. Sur cette place est le théâtre Français; c'était un ancien jeu de Paume avant 1792; il fut ouvert le 2 février 1793.

Paroisse Saint-Ouen. C'est l'ancienne église de l'abbaye des Bénédictins; ce monument est à l'ami des arts et de la belle architecture ce qu'un enfant chéri est à une bonne et tendre mère, plus elle le voit, plus elle le regarde, plus il lui semble beau; il en est ici de même pour l'homme curieux et surtout pour l'artiste qui semble à la vue de ce beau monument ne plus être maître de ses crayons ni de son pinceau; son œil embrasse d'un seul coup tout le corps de l'édifice qui est à-peu-près le seul dans Rouen qui soit dégagé de tout encombrement; chaque partie prise en détail lui fournit un sujet tout entier; le portail du jardin et ses deux pendentifs, la belle sculpture qui le décore, la rose et le pignon qui le couronne sont des chefs-d'œuvres dignes de son pinceau; pris encore du côté du bassin, les pignons des chapelles, les élégants arcs-boutans, les contreforts surmontés de jolis clochetons enrichis de sculptures délicates et couronnés de statues, qui semblent en faire autant de colonnes triomphales élevées en l'honneur de celui qui conçut le dessin de ce vaste monument, méritent de fixer l'attention du visiteur dans tous ses détails; la superbe tour qui couronne l'édifice semble ne plus appartenir à la conception de l'homme; on dirait qu'elle est d'une inspiration divine qui a voulu peut-être qu'un de ses plus beaux temples fut embelli d'une décoration d'un ordre parfait, sa hauteur est de 82 mètres au-dessus du pavé; elle est supportée à l'intérieur de l'église par quatre piliers formant des faisceaux de 24 colonnes chacune; l'extérieur s'élève majestueusement au-dessus de l'édifice entre quatre tourelles qui se rattachent aux angles de la tour par d'élégants arcs-boutants, ornés de jolies découpures; elle est surmontée d'une couronne ducale, travaillée à jour et qui semble au loin inviter l'étranger à se rendre auprès d'elle.

L'intérieur de l'église est d'un grandiose religieux qui inspire au visiteur un silencieux respect; c'est un des plus grands temples qui existent en France; sa longueur dans l'œuvre est de 138 mètres, il a 26 mètres de largeur, son transept est de 43 mètres 13 centimètres. Sa hauteur du pavé à la voûte est de 33 mètres 13 centimètres, il reçoit le jour par 125 belles fenêtres et trois rosaces qui font l'admiration des visiteurs; ses voûtes à l'intérieur sont soutenues par 36 piliers isolés, d'une hardie conception et de la plus grande délicatesse.

Plusieurs projets d'achèvement pour cette église furent présentés en 1844 par M. Grégoire, architecte de Rouen; les travaux furent entrepris et commencés par M. Adolphe Grimaux, en 1846. Le nouveau portail présentera cinq portes d'entrées en ogive, avancées en coquilles, surmontées de pignons percés à jour; deux flèches s'élanceront à la hauteur de 66 mètres et serviront d'encadrement à la belle rosace de façade, qui sera elle-même surmontée d'un grand pignon à jour et couvrant le comble. Cet heureux ensemble d'architecture gothique fera l'achèvement de cette Basilique, qui pourra à juste titre passer pour une des plus belles de France, par son ensemble et par son fini. La construction de ce monument, dans l'espace de 531 ans, fera trois époques. Commencée en 1319 par Jean Roussel, surnommé Marc-d'Argent, et Charles de Valois, frère de Philippe-le-Bel, travaux rapides jusqu'en 1339. Le chœur, les onze chapelles, les piliers de la Tour, furent achevés pendant ces 20 années; la mort du 23me abbé Jean Roussel arrêta les travaux, qui furent repris en différentes époques et marchèrent lentement. La nef ne fut achevée que vers l'an 1515 par l'abbé Antoine Boyer. Les travaux du portail commencés vers le même temps furent abandonnés en 1544. Repris en 1846 sur d'autres dessins, nous espérons les voir finir en 1850, 531 ans après la fondation de l'église.

Les principaux monuments civils à visiter sur cet arrondissement, sont l'Hôtel-de-Ville. C'est l'ancienne abbatiale des bénédictins de Saint-Ouen, bâtie en 1760. Cette maison fut cédée par le gouvernement à la ville de Rouen qui en prit posession en 1800, et y établit les bureaux de la mairie le 24 mai de la même année. Le musée de peinture qui est un des plus beaux de France, se trouve dans le même local, il fut ouvert en 1809. La bibliothèque qui est à côté fut également ouverte en 1809. On admire les deux beaux escaliers construits par M. Le Brument, architecte, né à Rouen en 1736, mort en 1804.

Le jardin public qui est de la même dépendance fut ouvert le 15 mai 1806, le méridien de ce jardin est celui qui était à la Bourse découverte sur le port. Il fut exécuté par les frères Slodtz, en 1753.

Le collége royal, rue du Grand-Maulévrier, est l'ancien collége des jésuites et le séminaire de Joyeuse. L'église de ce collége fut commencée en 1614 et dédiée en 1704.

Le musée départemental d'antiquités, rue Poussin; c'est l'ancienne maison des dames de la Visitation de Sainte-Marie, bâtie vers 1640; elle renferme le musée d'histoire naturelle, fondé en 1827, et livré au public en 1832; le musée d'antiquités, fondé en 1833 et livré au public en 1834. Ces deux musées méritent d'être visités par les curieux. Les principales fontaines de cet arrondissement ont commencé à couler, savoir : fontaine Saint-Ouen le 8 octobre 1500 (Darnétal); la grosse le 28 février 1540 (Gaalor); rue de l'épée, 11 octobre 1613 (Darnétal).

Saint-Vivien; cette église n'était autrefois qu'une chapelle, située dans les Marais de Robec, elle était encore hors la ville en 1209. Elle devint paroisse lors de l'agrandissement de la ville; comme elle était très basse, elle fut exhaussée en 1636, elle n'a rien de remarquable que son antiquité. La fontaine de cette église prit cours le 8 novembre 2528 (Darnétal).

Les principaux monuments civils à visiter sur cet arrondissement sont Bicêtre, maison de détention, rue du Fer à Cheval, n° 8. C'est l'ancien noviciat des Jésuites, bâti en 1605. Cette maison appartient à la ville depuis 1766.

L'hospice général fut fondé en 1602 par M. Claude Groulard, premier président du parlement de Normandie. C'est plutôt une ville qu'un hospice, sa population était en 1846 de 4327 habitants. Digne, Privas, Mézières, Guéret, Bourbon-Vendée, Mont-de-Marsan, qui sont des chefs-lieux de préfectures, ne sont pas si peuplés. C'est dans cette maison vulgairement appelée la grande maison, que la mère dénaturée ou malheureuse, abandonne le tendre fruit de ses amours. C'est là que le vieillard abandonné de ses enfants, ou privé de tous secours, vient finir sa pénible carrière en bénissant la mémoire du fondateur et des bienfaiteurs de cet établissement. L'église de cet hospice fut commencée en 1785. M. le cardinal de Larochefoucault, archevêque de Rouen, en posa la première pierre le 11 juin de la même année, et M. l'abbé Papilleaud la bénit le 25 mars 1790.

La Croix de Pierre; ce monument est très ancien et d'une construction élégante, il fut ignauré de nouveau le 24 août 1816, après avoir reçu une mauvaise restauration. La fontaine prit cours le 3 novembre 1515. (Darnétal).

Saint-Nicaise bâti sur l'emplacement d'une ancienne chapelle que Saint-Ouen avait fait ériger en 650. Cette église fut érigée en paroisse en 1338; le chœur est élégant et beau, le reste n'a rien de remarquable; l'ancien séminaire de Saint-Nicaise, qui est près cette église, est aujourd'hui le séminaire archiépiscopal. La Fontaine du Plat, qui est sur cette paroisse, prit cours le 12 novembre 1655. (Source Saint-Nicaise.)

Paroisse Saint-Patrice; cette église fut bâtie en 1535. La Chapelle de la Passion et tout le côté de l'église vers la rue fut bâtie en 1648. Les vitraux de cette église sont de la plus grande beauté, l'on croit même que quelques-uns ont été peints par le célèbre Jean Cousin.

Saint-Romain ; c'est l'ancienne église des Carmes déchaussés, elle fut commencée en 1678 et terminée en 1687. Cette église mérite d'être visitée par les curieux; elle est bien décorée de peintures et de vitraux provenant des églises supprimées de Saint-Maure, de Saint-Etienne-des-Tonnelliers, et de Saint-Martin-sur-Renelle; on y remarque encore le tombeau de Saint-Romain qui sert de maître autel, et le couvercle des fonts baptismaux de Saint-Etienne-des-Tonnelliers, sculptés en 1500.

Saint-Godard; on croit que c'était un ancien Temple Romain; cette église fut consacrée du temps de Saint-Mellon; Saint-Godard, archevêque de Rouen y fut inhumé en 525. Le corps de Saint-Romain, aussi archevêque de Rouen, y fut également inhumé en 646. Elle portait alors le titre de Notre-Dame. Les vitraux de cette église qui passaient pour être des plus beaux de France ont été détruits. Il ne reste plus que deux grandes vitres qui font encore l'admiration des connaisseurs.

A visiter sur cet arrondissement : la Tour du Donjon ; c'est tout ce qui reste d'un ancien château-fort appelé le vieux château, bâti par ordre de Philippe-Auguste, roi de France, lors de la réunion de la Normandie à la France le 1er juin 1204. Elle est dans l'ancien couvent des dames du Saint-Sacrement, rue Moran.

La Tour de Saint-Laurent; elle fut commencée en 1490 et terminée en 1501. Elle fut endommagée par le terrible ouragan de 1683. Elle est très-belle, mais elle le serait encore plus si l'on pouvait la transplanter sur l'église Saint-Mellon, dont elle ferait l'ornement.

Paroisse Saint-Maclou; si cette église était isolée au milieu d'une place régulière comme elle, que rien n'en cachât les belles proportions et le bel ensemble, jamais l'étranger fut-il athée ou ignorant, ne passerait près d'elle sans mettre un genou à terre. L'ensemble de ce monument est si beau et si parfait qu'on croirait qu'une société d'artistes se sont réunis pour l'exécuter sur les dessins d'un maître surnaturel. C'est au célèbre architecte Pierre Robin, que nous sommes redevables du plan et de l'exécution de cette perle précieuse de l'architecture gothique. Les fondements en furent jetés en 1432. Mais ce ne fut qu'en 1437, que les travaux marchèrent avec activité. Chacun à l'envie y contribua de son mieux, les paroissiens par des aumônes et par des dons considérables, et les évêques par des prières et des indulgences. Nous n'avons aucuns renseignements sur la marche des travaux pendant l'espace de 35 ans, c'est-à-dire depuis 1437 jusqu'en 1472, où le corps de l'église fut achevé à l'exception des combles et du clocher, puisque M. Pierre Dufour donna par contrat passé le 2 décembre 1471, une partie de ses biens pour achever l'église, c'est-à-dire pour la couvrir, et que le 3 septembre 1511, maître Martin de Perrois commença à élever en la lanterne une plate-forme pour porter le clocher qui ne fut achevé qu'en 1520. L'église fut dédiée le 25 juin 1521, par M Georges d'Amboise, IIe du nom, archevêque de Rouen. L'ensemble de ce monument est d'un fini parfait: cinq portes ogives s'arrondissant sur elles-mêmes formant un cintre convexe et surmontées de jolis pignons à jour forment l'entrée principale de l'église, dont les portes elles-mêmes sont des chefs-d'œuvres de l'art le plus brillant de la sculpture; elles furent exécutées par le célèbre Jean Goujon, vers l'an 1550: il semble que tous les artistes les plus distingués du temps ont voulu concourir à la confection de ce beau monument, puisque le Corrège de la sculpture a voulu lui-même y mettre le sceau en sculptant ses portes. Ces portes ont été guéries en 1846 de la maladie dartreuse, que l'impitoyable pinceau d'un barbouilleur leur avait causée. Mais ce qu'on ne pourra jamais réparer, ce sont les mutilations des têtes, bras et jambes de ces belles sculptures, causées par les dissentions religieuses de nos pères, en 1562. Si dans ces temps malheureux un édit de tolérance, sévèrement observé, eut arraché la hache destructive des mains des chrétiens réformés et des chrétiens catholiques romains, nous n'aurions pas aujourd'hui à regretter les chefs-d'œuvres de Jean Goujon, dans les portes de Saint-Maclou, ni le beau temple des protestants du Grand-Quevilly, exécuté par le célèbre Gigonday, en 1601, détruit de fond en comble en 1685, et d'autres malheurs plus grands encore. L'intérieur de Saint-Maclou répond à la dignité et à la beauté de l'extérieur; ce n'est plus le grandiose de la cathédrale, ni de Saint-Ouen, mais c'est l'ordre parfait et la belle proportion selon les dimensions et la grandeur de l'édifice; tout y est égal et d'une simétrie qu'on ne se lasse jamais d'admirer, elle est claire, riante et belle. Sa longueur est de 50 mètres, sa largeur est de 25 mètres, la hauteur du pavé à la voûte est de 25 mètres et jusqu'à la lanterne de 40 mètres; elle est ornée de 14 chapelles, elle est éclairée par 61 fenêtres et 8 rosaces. La voûte est soutenue à l'intérieur par 13 piliers isolés; elle est ornée d'un beau jeu d'orgue encadré dans un superbe buffet auquel on monte par un escalier tournant en forme de vignot, et qui fait l'admiration de tous les visiteurs étrangers. Le dessin en est si mignon, si beau, si bien exécuté, qu'on peut dire qu'il est à l'église

Saint-Maclou, ce qu'un diamant est à une bague d'or bien travaillée. Il fut exécuté de 1518 à 1520, par un maître maçon nommé Pierre Grégoire ; malheureusement encore la brosse du badigeonneur a sali cet escalier en voulant le blanchir. Cette église était autrefois surmontée d'un joli clocher, dont la hauteur était de 85 mètres au-dessus du pavé ; il fut ébranlé par le grand ouragan de 1683, abattu en 1736 et 1796. La fontaine de cette église prit cours le 3 novembre 1515. (Source de Darnétal.)

L'autre Saint-Maclou, rue Martainville, c'est l'ancien cimetière de la paroisse, construit en 1526. C'est aujourd'hui où se tiennent les écoles chrétiennes, clos Saint-Marc ; il y avait autrefois sur cette place une chapelle bâtie en 1431, qui formait deux places entourées de vieilles maisons presque abandonnées, elles ont été détruites en 1834, c'est aujourd'hui un des marchés le plus fréquenté de la ville.

Caserne Martainville, place du Champs-de-Mars, commencée en 1776, et terminée en 1780.

L'église Saint-Paul fut bâtie sur les dessins de M. Duboullay; les entrepreneurs Cécil et Grout la commencèrent en 1827, elle fut terminée en 1829. M. de Croï, archevêque de Rouen la bénit le 12 décembre de la même année. L'extérieur de l'église a toute la simplicité d'un temple réformé. L'ancienne église qui lui sert de sacristie est beaucoup plus curieuse sous le rapport de l'antiquité. C'était, dit-on, un ancien temple d'Adonis, qui fut consacré par Saint-Mellon à la religion chrétienne vers la fin du IIIe siècle.

A visiter sur cet arrondissement : le point de vue de la terrasse de Saint-Paul, l'établissement des eaux minérales, le tunnel, et le pont du chemin de fer du Hâvre.

Paroisse Sainte-Madeleine ; c'est à M. le Brument que nous sommes redevables de ce beau diminutif du Panthéon ; ce bijou de l'architecture moderne fut commencé en 1767, terminé en 1780 et inauguré sous l'invocation de Sainte-Madeleine le 7 avril 1781. Aucun de nos monuments n'est mieux placé pour la perspective, à l'extrémité d'une avenue d'arbres attenant au Mont-Riboudet et qui laisse apercevoir dans le lointain un beau péristyle orné de quatre belles colonnes de l'ordre Corinthien soutenant un pignon décoré d'un jéhovah, au-dessus de la porte principal est un bas-relief représentant la charité sous la figure d'une femme allaitant des enfants, morceau exécuté en 1777 par Jadoulle, né à Rouen en 1736, mort en 1805. Au milieu de l'édifice est un dôme orné d'une colonne supportant une boule d'or. L'intérieur de l'église est d'une élégance admirable, et se fait remarquer par la beauté de la sculpture, elle est soutenue par 28 colonnes isolées de l'ordre Corinthien. Elle est ornée de plusieurs tableaux de mérite.

A visiter sur cet arrondissement :

L'Hôtel-Dieu ; c'est un des plus beaux hôpitaux de

France, bâti sur l'emplacement du lieu de santé en 1749. Les malades de l'ancien Hôtel-Dieu y furent transférés en 1758. C'est un des établissements des plus spacieux de France, il peut contenir plus de 600 malades, qu'on y reçoit indistinctement de tout sexe, de tout âge et de tout pays.

Hôtel de la préfecture, rue de Fontenelle; c'est l'ancien hôtel de l'intendance de la généralité de Rouen. La fontaine prit cours le 20 décembre 1511 (source d'Yonville.)

Saint-Gervais; cette église n'a rien de remarquable pour la décoration ni pour l'architecture, mais sous le rapport historique elle doit occuper le premier rang parmi les monuments de Rouen Sa fondation est incertaine, son origine est inconnue; les historiens disent que c'était là que se tenaient les premières assemblées des chrétiens sous le pontificat de Saint-Mellon, et que son corps y fut inhumé en 310. Ce rapport des historiens n'est appuyé d'aucune preuve et se ressent plutôt de la tradition que de l'histoire qui semble le démentir elle-même. On rapporte que Saint-Mellon consacra le temple de Roth, sous le nom de Sainte-Trinité, qu'il fit bâtir Saint-Clément, qu'il fit jeter les fondements de la Cathédrale, qu'il fit bâtir Saint-Godard, sous l'invocation de Notre-Dame, où il établit des chanoines. On ne parle pas de la fondation ni de la construction de Saint-Gervais. Quelques historiens attribuent sa fondation à Saint-Victrice, en 386. Ce qui serait une première preuve que Saint-Mellon ni Saint-Avitian, n'y auraient pas été inhumés, et qu'on les aurait déposés plutôt dans le caveau de Saint-Godard, qui était alors la principale église érigée par Saint Mellon, et où il avait établi des chanoines, et où les corps de Saint-Godard et de Saint-Romain furent déposés depuis. Toutes ces conjectures portent à croire qu'à l'emplacement de Saint Gervais était un temple dédié à la déesse Venus, abandonné depuis qu'on avait incendié les forêts d'alentour. Mais comme il n'est pas naturel qu'une croyance soit tout-à-fait éteinte quand une autre vient la supplanter, quelques fidèles encore aux lois du paganisme se retiraient dans ces lieux écartés pour rendre hommage aux Dieux abandonnés de leurs compatriotes. Ce qui nous porte à croire ce que nous avançons, c'est qu'il est dit dans les antiquités de *Taille-Pied*, chapitre XXI, édition de 1601 :

» Le roy Clotaire, deuxième fils de Chilpéric, donna l'ar-
» cherveschê de Rouen à Saint-Romain, confirmant la pesti-
» tion qu'en avoient faite les MM. de la ville de Rouen,
» au paravant il estoit chancelier dudit Clotaire, rompu des-
» jà ès affaire de la chose publique, aussi le monstra-t-il
» bien quand il eut esté instalé au siége archiépiscopal.
» Car des le commencement de son pontificat, il purgea
» l'église et autres lieux sacrez de toutes insolences,
» et fit abattre rez de terre le temple de Vénus (qu'on
» adoroit comme déesse de beauté, des amours et patron

» de lignée) lequel avoit esté basty par les anciens Gaulois » hors les murs de la ville du costé de Bizé. »

Il est impossible de ne pas reconnaître la véritable position de l'église Saint-Gervais. Ce qui est encore une preuve que le corps de Saint-Mellon n'y fut pas déposé, parceque le temple et le caveau n'auraient pas été profanés, et Saint-Romain ne l'aurait pas fait abattre l'an 631.

M. Théodore Licquet, qui ne donne presque jamais de dates historiques de nos monuments, dit avec un peu de présomption dans sa description de Saint-Gervais: « Ni Farin, ni Pommeray, ni Toussaint-du-Plessis, ni plusieurs » écrivains modernes, n'ont connu l'origine de cette » église, la voici : »

« L'an 386, Saint-Victrice alors archevêque de Rouen, reçut de Saint-Ambroise une caissse de reliques, parmi lesquelles, se trouvait celle de Saint-Gervais ; Saint-Victrice fit construire une église pour y déposer ces vénérables dépouilles. Notre archevêque nous apprend lui-même qu'il y travailla de ses mains, qu'il porta des pierres sur ses épaules». Nous voulons bien croire que Saint-Victrice pouvait porter des pierres sur ses épaules pour bâtir son église, malgré que nous ne sommes plus dans ces temps heureux où la grâce faisait des miracles, et que la grande machine à deux roues qui porte aujourd'hui les pierres qui doivent achever l'église Saint-Ouen, ne soit pas en rapport ni de nom, ni de forme avec les épaules de Saint-Victrice, mais ce n'est pas une preuve que l'église dont parle M. Licquet soit justement Saint-Gervais. Nous pensons comme le père Taillepied que Saint-Romain fit abattre le temple de Vénus; que la chapelle fut oubliée sous ses ruines et sauvée par là du vandalisme des premiers chrétiens; nous pensons encore que nos premiers ducs firent bâtir une maison de plaisance au milieu de ces ruines, où devait exister le plus beau site des environs de Rouen, qu'une chapelle appartenant au château fut érigée en petite abbaye, et donnée par Richard II à la grande abbaye de Fécamp en 1020; les visiteurs pourront aussi faire leurs conjectures en examinant la situation des lieux, par rapport à la ville au Xme siècle, et en visitant son antique chapelle qui est encore aujourd'hui presqu'au même usage que dans son origine; les bonnes mères de familles y mènent leurs jeunes enfants pour leur faire prendre des forces, et les apprendre à marcher, mais une vierge mère a remplacé la déesse de Lignée.

Saint-Hilaire; cette église n'a rien de remarquable, elle fut ruinée par les Calvinistes en 1562.

Saint-Sever; bâtie sur l'emplacement d'une ancienne chapelle au faubourg d'Emendreville; cette église fut bâtie en 1538, et la tour en 1617; elle n'a rien de remarquable.

A visiter sur cet arrondissement paroissial :

La caserne de Bonne-Nouvelle; c'est l'ancien prieuré de

l'ordre de Saint-Benoit, fondé en 1063 par la reine Mathilde.

Asile des Aliénés, fondé en 1825; c'est un des établissements modèles de France, il peut recevoir 600 malades. Il est situé dans l'ancienne maison de Saint-Yon, fondée par les frères des écoles chrétiennes en 1705; ils bâtirent eux-mêmes leur église et en posèrent la première pierre le 7 juin 1728.

Jardin des Plantes; il est situé à l'extrémité de la rue d'Elbeuf, il était en 1835 sur le cours de Paris; la rue de Joinville en traverse aujourd'hui l'emplacement.

Cours la Reine; cette belle promenade, située entre la rive gauche de la Seine et la ligne du chemin de fer de Paris, fut plantée en 1785; la grille d'entrée et les bureaux furent construits en 1846.

Débarcadère du chemin de fer de Paris; il est peu de villes en France, même bien commerçante, où il se fasse autant d'expéditions commerciales que n'en fait cette ligne à elle seule; sa gare est un gouffre où toutes les marchandises apportées par l'Océan viennent s'engloutir pour se répandre dans l'intérieur de la France; ce chemin de fer fut inauguré par M. le duc de Nemours, le 3 mai 1843, au milieu des fêtes et des acclamations publiques.

Le Pont de pierres fut construit d'après un décret impérial du 10 juin 1810; commencé en 1812, Marie-Louise, impératrice des Français, en posa la première pierre le 8 septembre 1813; il fut terminé et livré au public en 1829.

Statue de Pierre Corneille; c'est le père de la tragédie française, il est né à Rouen le 6 juin 1606, mort à Paris le 1 octobre 1684. Ce monument fut commencé en 1833; Louis-Philippe, roi des Français, en posa la première pierre le 18 septembre de la même année; le 19 octobre 1834, la statue fut inaugurée solennellement.

Le Pont suspendu; c'est un des plus élégants et des plus hardis qui soit en France; il fut construit d'après une ordonnance royale du 8 juin 1834, par MM. Séguin, ingénieur civil, et Pierre Colin, entrepreneur de travaux publics, moyennant une concession de 99 années de péage à leur profit; il fut livré au public le 1er septembre 1836.

Caserne Saint-Sever; commencée en 1713, et terminée en 1729, pour servir d'abord de grenier à sel, augmentée en 1774, pour servir de caserne, elle est bâtie sur l'emplacement du Parc aux Galères.

Port de Rouen; malgré que M. Delaquerière dit dans sa revue monumentale de Rouen, que l'étranger qui a visité Lyon, Marseille, Bordeaux, Nantes, s'attend à voir les quais de Rouen bordées de maisons somptueuses, d'hôtels splendides, et qu'il n'aperçoit qu'une suite de maisonnettes du style le plus pauvre et le plus mesquin, nous croyons bien que M. Delaquerière n'a pas pris les hôtels de Quievremont, de l'Octroi municipal, du cours Boyeldieu, et toutes les maisons de quatre étages, bâties en pierres de tailles, ornées de sculptures, garnies de balcons élégants, pour de méchantes bicoques; mais qu'il a pensé qu'on pouvait faire mieux, et que beaucoup d'amour pour son pays et un peu de mauvaise humeur, a peut-être conduit sa plume plus vite qu'il ne voulait; nous avons visité Marseille, son port étroit où les beauprés des bâtiments donnent dans les maisons; Bordeaux, port large et vaste, garni de belles maisons, de beaux monuments et de belles places, mais dégarni de talus, qui fait que les navires sont chargés et déchargés en pleine Garonne; Lyon dont les quais en coins de rue, n'offrent rien de remarquable, que des maisons à six étages; Nantes dont les quais sont loin d'égaler ceux de Rouen, et dont le port dégarni de talus, se nomme la Fosse; mais nous pouvons encore espérer beaucoup pour satisfaire aux étrangers; notre port n'est qu'en train d'aller, quand on aura taluté la Seine depuis l'extrémité du Pré aux Loups, jusqu'à la porte Guillaume-Lion, qu'on fera de cet emplacement un port de débarquement pour desservir la Haute-Seine, qu'un parapet en parallèle à celui du Pont-Neuf, longera l'avenue de Paris, et de cet intervalle à l'autre parapet formera un grand passage aux deux débarcadères; que de grands entrepôts seront établis dans les rues des Augustins et de la Grosse-Bouteille, qui semblent par leurs positions attendre cette grande destination; quand l'îlot des maisons neuves entre la rue de la Tuile et la rue Grand-Pont sera abattu, ainsi que les maisons de derrière, jusqu'à la rue de la Savonnerie, qu'une salle de spectacle sera bâtie sur l'emplacement des maisons de Lelieure et de la cour Martin, et que cette place méritera se nommer Place des Arts; quand le beau bâtiment des Consuls sera rasé, et que, porté de face depuis la rue des Iroquois jusqu'à la rue Nationale, formera une autre place parallèle à celle des Arts, qui se nommera Place du Commerce; nous pensons que les étrangers n'auront plus rien à demander à notre port pour les embellissements et la commodité du commerce, à moins qu'ils ne disent encore que c'est un beau rideau qui cache un vilain fond; mais nous nous permettrons de leur répondre : Messieurs, n'en demandez pas davantage pour le moment, Rouen est une ancienne ville, et par conséquent difficile à redresser; 17,000 maisons ne sont pas faciles à remuer pour leur commander d'ouvrir les rangs, et de se mettre en alignement selon vos désirs; en attendant, nous invitons les étrangers à visiter le port de Rouen dont aucun n'approche en France, en fait de grand port situé sur un fleuve, (celui de Bordeaux excepté); ils n'oublieront pas d'examiner sa belle perspective, son heureuse position, la largeur de ses quais; ils examineront encore les élégantes maisons qui les bordent, bâties depuis 1830; la douane bâtie sur les dessins de M. Isabelle, les sculptures extérieures exécutées par M. David, le bas-relief de l'intérieur représentant le commerce sous la figure de Mercure, morceau précieux, exécuté en 1726, par Nicolas Coustou, né à Lyon en 1658, mort à Paris en 1733; ils nous diront après si de tels monuments sont dignes de décorer la façade d'un grand port de commerce; c'est une promenade de deux kilomètres.

UNE PROMENADE HORS LA VILLE.

4e PARTIE.

Quand on a visité une ville dans son intérieur, nécessairement on désire voir en masse, ce que l'on a vu en détail; les environs de Rouen offrent les plus beaux sites que l'on puisse désirer; mais celui qu'habituellement l'étranger préfère, est le point de vue pris de la montagne Sainte-Catherine, parcequ'il en est en même temps historique et pittoresque; du flanc nord de cette montagne, on aperçoit la ville de Darnétal, célèbre par ses beaux établissements manufacturiers; sur la pointe ouest de la montagne, la ville de Rouen est pour ainsi dire aux pieds de l'observateur, chaque habitant y reconnait sa maison; tournant à gauche, on se trouve près d'un affreux précipice, dont l'administration devrait défendre les abords par une clôture; là, on voit les restes d'une ancienne chapelle du prieuré de Saint-Michel, fondée en 710; plus haut se trouve le mont Sainte-Catherine, ainsi nommé d'une abbaye fondée par un sieur Cosselin, vicomte de Rouen, sous le nom de Sainte-Trinité-du-Mont, et qui prit ensuite celui de Sainte-Catherine, parce qu'une relique de cette sainte y opéra des miracles. Cette abbaye avait été fondée en 1024, et l'église dédiée par Robert, archevêque de Rouen en 1030. Ce monastère fut rasé en 1597. Quelques écrivains ont rejeté l'existence d'un fort sur cette montagne au temps de Jules-César, attendu que la ville était alors trop éloignée pour qu'il puisse la protéger; c'est une erreur, les Gaulois ne fesaient pas la guerre comme nous la faisons, ils avaient des camps d'observations sur les hauteurs non loin de leurs viles, pour inquiéter les assiégeants; c'est avec des camps retranchés, que Vercingetorix, général de la ligue Gauloise, tint César en échec, qu'il lui fit lever le siége de Clermont, et qu'il faillit le perdre, et son armée devant Alisia, où il fut lui-même défait par la lâcheté de Commius son lieutenant. Plusieurs fois cette montagne que l'on nommait le Mont-Turinge avant la fondation du monastère, vit détruire et rebâtir ses fortifications, qui furent définitivement démolies de fond en comble par ordre de Henri IV, en 1592. Cette forteresse a joué un grand rôle dans nos malheureuses guerres de religion; prise sans coup-férir par les Calvinistes en 1562, elle ne fut pas reprise de même par les catholiques; le duc d'Aumale vint y mettre le siège à la tête de 10,000 hommes, mais il fut battu et repoussé par le brave Launay de Morvillers; la cour renvoya Antoine de Bourbon avec une armée de 20,000 hommes, pour s'emparer de la ville; Charles IX, Catherine de Médicis, sa mère, et toute la cour assistèrent à cette boucherie de Français contre Français; le fort de Sainte-Catherine, défendu cette fois par Montgomery, fut le théâtre des combats les plus acharnés; mais accablé par le nombre, le fort, quoique bien défendu, fut pris, et la garnison passée au fil de l'épée; Catherine de Médicis y fit son entrée triomphante pour voir de plus près la ville, qui bientôt devait éprouver le même sort.

Le 11 novembre 1591, Henri IV envoya le maréchal de Biron devant Rouen avec une armée de 35,000 hommes; le roi vint au camp le 24 et s'établit à Darnétal; le fort Sainte-Catherine défendu par Gessan fut attaqué vivement par l'armée royale; Monsieur de Villars pour protéger le fort, fit faire une tranchée sur la montagne voisine (que l'étranger n'oubliera pas de visiter); le roi connaissant l'importance de cette redoute, se mit à la tête de 300 gentilshommes, et vint lui-même l'emporter au milieu d'une nuit obscure; Villars étonné de ce hardi coup de main, et jaloux de la gloire d'un si grand roi, vint le reprendre en personne, mais le monarque guerrier l'emporta de nouveau après s'être exposé en soldat.

C'est de la pointe de cette montagne que l'on jouit du point de vue le plus beau et le plus animé que l'on puisse voir; 100,000 habitants sont à vos pieds, occupés au travail et aux affaires commerciales; la ville de Rouen dominée par ses nombreux monuments, se montre à vos yeux sous l'aspect le plus riant, la façade de son port se découvre toute entière et laisse voir des forêts de mâtures et ses beaux ponts, celui du chemin de fer du Hâvre traverse la Seine à vos pieds, dont vous apercevez le cours couvert d'ilots dans une étendue de près de 20 kilomètres; les bateaux à vapeur et de halage se croisent dans la Haute-Seine, tandis que les navires à pleines voiles, les steamers et remorqueurs couvrent la basse pour arriver au port.

Sur l'autre rive de la Seine, se découvre une autre perspective aussi intéressante: 100 colonnes triomphales dont le couronnement rembrunit l'atmosphère, indiquent autant de grands établissements, où des milliers d'hommes laborieux sont occupés à des travaux honorables et pénibles; l'œil se promène complaisamment sur le grand faubourg Saint-Sever, les communes de Sotteville et de Saint-Etienne-du-Rouvray, il suit à travers les immenses prairies, les lignes des chemins de fer du Hâvre et de Paris, il en poursuit les convois qui se croisent dans un parcours de six kilomètres; s'il se porte sur un plan plus éloigné, le fond du tableau lui paraît sans limites; à gauche et à droite, un rideau de montagnes lui indique le cours de la Seine, et forme devant lui un immense bassin, couvert de villages, de forêts, de prairies et de terres cultivées. Ce dernier aspect est des plus séduisants; les champs cultivés sont partagés en portions presque égales, et forment un charmant damier de verdure; à le contempler philosophiquement, on croirait qu'une loi agraire a formé d'heureux partages entre des citoyens égaux!

Quand on a longtemps contemplé ce point de vue, sans jamais se lasser de le voir, retournant sur ses pas on aperçoit la nouvelle église de Notre-Dame de Bon Secours. Quoique cette église ne fasse point partie des monuments de Rouen, nous ne pouvons pas nous dispenser d'en dire un mot étant sur les lieux.

M. Godefroy, curé de cette paroisse, conçut le hardi projet d'entreprendre à lui seul la construction d'un monument gothique bâti sur de larges dessins. Il fut secouru dans cette noble entreprise par un grand nombre d'âmes généreuses, qui toutes à l'envie voulurent attacher leurs noms à l'élévation d'un beau monument religieux par de pieuses souscriptions. La première pierre de cette église fut posée et bénite, le 4 mai 1840, par M. de Croï, archevêque de Rouen. Les travaux conduits par M. Barthelemy, architecte de Rouen, marchèrent avec une rapidité étonnante et furent achevés en 1846. 22 arcs-boutants consolident, la nef à l'extérieur, l'abside est isolée et laisse apercevoir, du point de vue pris de la mare, un joli rang d'arceaux formé par les arcs-boutants et les contreforts. Le clocher, qui se termine en pointe, est d'une belle conception, il est assis sur le grand portail dont il fait le couronnement. Les sculptures du portail qu'on fait en ce moment (1847), sont exécutées par M. Du Seigneur, de Paris. L'intérieur de l'église est éclairé par 43 fenêtres et trois rosaces en verre peint, sortant des établissements de Choisy-le-Roi; ces vitraux sont du plus bel effet et rendent cet édifice d'un sombre religieux. Un cimetière monumental sur le penchant de la montagne, devant l'église, complètera le point de vue de Notre-Dame de Bon-Secours de Rouen.

CHRONOLOGIE DES DUCS DE NORMANDIE.

Raoul ou Robert, premier duc de Normandie, était fils de Guyon, seigneur Danois; après avoir ravagé la France pendant plus de vingt ans, il s'empara de la ville de Rouen en 910, et se fit reconnaître duc d'une partie de la Neustrie, à qui il donna le nom de Normandie; il mourut en 917.

Guillaume-Longue-Epée, fils de Raoul, 2me duc de Normandie; il fit la guerre aux Bretons, défit Riouf, comte de Contentin, sous les murs de Rouen, rétablit Louis-d'Outre-Mer sur le trône de France, et mourut assassiné à Pecquigny le 18 décembre 942.

Richard-Sans-Peur, 3me duc de Normandie; il rendit la liberté à Louis-d'Outre-Mer, roi de France, son prisonnier; il battit sous les murs de Rouen l'armée de la triple alliance, composée d'Allemands, de Flamands et de Français, forte de 200,000 hommes, et mit sur le trône de France Hugues-Capet, qui commença la dynastie qui règne aujourd'hui; il mourut en 996.

Richard II, le bon, 4me duc, fit la guerre au roi d'Angleterre, et contre Eudes, comte de Chartres, il mourut en 1026.

Richard III, 5me duc, mourut empoisonné par son frère en 1027.

Robert II, le magnifique, 6me duc, rétablit Henri 1er sur le trône de France, fit un voyage en Terre-Sainte et mourut à Nicée en 1035. Guillaume II, le conquérant, 7me duc; on le nomme aussi le Bâtard, parcequ'il était enfant naturel de Robert-le-Magnifique, et de la belle Harlette, fille d'un simple bourgeois de Falaise. Il gagna la bataille du Val-des-Dunes en 1058; la bataille de Mortemer en 1059; celle de Varaville en 1060. Il descendit en Angleterre en 1066 avec une armée de 60,000 hommes, fit mettre le feu à ses vaissaux, livra la fameuse bataille d'Hastings le 14 octobre 1066, où 60,000 Anglais restèrent sur la place. Harald, roi d'Angleterre, y fut tué; il se fit couronner roi d'Angleterre, revint en Normandie après divers combats, fit la guerre à Philippe, roi de France, réduisit la ville de Mantes en cendres, fut blessé d'un coup de pommeau de la selle de son cheval. Il revint à Rouen, et mourut à son Palais de Saint-Gervais le 10 septembre 1087, âgé 60 ans.

Robert III, Courte-Heuze, 8me duc, fit la guerre en Palestine, et refusa la couronne de Jérusalem; de retour en Normandie, il perdit la bataille de Tinchebray en 1106, contre son frère Henri, roi d'Angleterre, qui lui fit crever les yeux et le fit enfermer dans la Tour de Londres, où il mourut en 1133 après 27 ans de captivité.

Henri 1er, roi d'Angleterre, 9me duc, en 1106, mourut en 1134; en lui finit la dynastie masculine de Raoul.

Eustache-de-Boulogne, fils d'Etienne, roi d'Angleterre, 10me duc, en 1136, mort en 1150.

Henri II de la maison d'Anjou, 11e duc, en 1143, roi d'Angleterre en 1154, mort en 1189.

Richard IV, Cœur-de-Lion, fils de Henri II, 12me duc et roi d'Angleterre, fit la guerre en Terre-Sainte et à Philippe-Auguste, roi de France, et mourut en 1199.

Jean-Sans-Terre, 13me duc et roi d'Angleterre; il assassina son neveu Arthur dans une des Tours du palais ducal à Rouen, en 1203. Après avoir usurpé ses états, se fit haïr et mépriser de ses sujets, et perdit la Normandie qui fut réunie à la France par Philippe-Auguste le 1er juin 1204, après en avoir été séparée l'espace 294 ans.

FIN.

GOURNAY. — IMP. LETAILLEUR-ANDRIEUX.

www.ingramcontent.com/pod-product-compliance
Ingram Content Group UK Ltd.
Pitfield, Milton Keynes, MK11 3LW, UK
UKHW020221200726
13856UKWH00004B/1545

9 782013 039468